*autor_javier adrada de la torre*

**título_ensayo sobre
una cebolla infinita**

*MÁLAGA • VALENCIA • 2023*

*XXIV PREMIO DE POESÍA «EMILIO PRADOS»*

*En reunión celebrada en Málaga el 25 de octubre de 2023, un jurado presidido*
*por D. Carlos Marzal y compuesto por Dña. Estefanía Cabello, Dña. Aurora Luque,*
*D. José A. Mesa Toré (director del Centro Cultural Generación del 27),*
*D. Manuel Borrás (en calidad de editor de la obra premiada, con voz pero sin voto)*
*y D.ª María Jesús Bernet (secretaria, con voz pero sin voto)*
*acordó conceder por mayoría el Premio Internacional de Poesía Emilio Prados,*
*para menores de 35 años, en esta su vigésima cuarta edición,*
*a la obra con el título* Ensayo sobre una cebolla infinita, *cuyo autor, una vez abierta la plica,*
*resultó ser D. Javier Adrada de la Torre, nacido en Madrid en 1996.*

Diseño gráfico: Pre-Textos (S.G.E.)

1.ª edición: marzo de 2024

© Javier Adrada de la Torre, 2024
© de la presente edición:
pre-textos, 2024
Luis Santángel, 10
46005 Valencia
www.pre-textos.com

en coedición con
DIPUTACIÓN PROVINCIAL DE MÁLAGA
CENTRO CULTURAL DE LA GENERACIÓN DEL 27
Ollerías, s/n
29012 Málaga

IMPRESO EN ESPAÑA/PRINTED IN SPAIN
ISBN: 978-84-19633-87-3 • DEPÓSITO LEGAL: V- 431-2024

Impreso en GraphyCems

# título_ensayo sobre una cebolla infinita

# [preámbulo_breve bienvenida al paignton zoo]

1 de julio de 1923
condado de devon (uk)

con un estruendo de trombones y
confetti
abren sus puertas por primera vez
los torbay zoological gardens
bautizados hoy en día como
paignton zoo

su fundador es
un joven millonario / amante de la fauna
en cautiverio
excéntrico coleccionista de ecosistemas
dios en prácticas
jugando al diseño de biotopos

WELCOME TO PAIGNTON ZOO / A WILD DAY OUT
FOR THE WHOLE FAMILY
bienvenidos al espectáculo de la existencia
reconducida disfruten de
este delicioso
muestrario de la zoosfera
pasen y vean
el paradigma alternativo de la vida

welcome to a new form of life / the artificial kingdom

# [marco teórico #1_elogio del vacío]

each layer unfurls a mirage of light
fragile veils that reveal the eternal fight
for amidst the infinite onion's haze
we worship symbols as a lasting disgrace
(william butler yeats)

si viera un perro muerto me moriría de orfandad
(alejandra pizarnik)

para elogiar el vacío
es preciso primero contemplar
su contorno
la forma invisible que lo delimita /
observar la palabra
su placenta insaciable
la ausencia fecunda que habita en
las paredes del lenguaje

el texto es un perro callejero
que busca a tientas a su madre
por las calles de una ciudad en llamas
donde sólo encontrará botellas rotas
adoquines
vertederos
y otros perros huérfanos
que se quedarán mirándolo un instante

en ese instante todo tendrá sentido
durante ese intercambio todo
habrá merecido la pena
el hambre / el frío / la incertidumbre
de radicar en la necesidad ajena
nada habrá sido en vano
mientras se lee en los ojos de otro perro

...pero tan sólo para luego proseguir
su miserable errancia
por el inagotable desierto de los símbolos

en el vacío de su propia orfandad
(que no es sino la condición de
no ser nadie por sí mismo /
no significar nada por naturaleza)
encuentra el texto la razón de su deseo

# [marco teórico #2_el teorema del mono inmortal]

> todo estará en sus ciegos volúmenes
> (j. l. borges / *la biblioteca total*)

18 de septiembre de 1917
parís (francia)

el volumen 3 / número 1 de la
REVISTA DE FÍSICA TEÓRICA Y APLICADA
sale del vientre de la imprenta con una
fantástica selección de irrelevantes
artículos!

                (4 francos el ejemplar / 36
                     el abono anual)

pero entre la nómina de autores
hay un tal émile borel:
su estudio
«la mécanique statique et l'irréversibilité»
está a punto de demostrar
que ningún texto en la historia
ha tenido valor propio /
y él ni siquiera lo sospecha

dicen las matemáticas
…si un mono inmortal
tuviera una máquina de escribir /

después de varias eternidades
pesaría más la probabilidad que el sentido común:
el mono acabaría escribiendo
aleatoriamente
y tras kilómetros de papel indescifrable
las obras completas de shakespeare

y si así fuera
qué distinguiría las grafías
del ilustre shakespeare
de aquellas idénticas que escribió
completamente por azar
el mono inmortal?

el nombre que las firma? el capital
simbólico? algún
tipo de esencia o núcleo
intratextual? el crédito
generoso de los siglos?

no se contempla la
realidad / se crea
realidad al contemplar

# [haiku sinfónico_mímesis del cautivo]

[movimiento_i]

mayo en el zoo
prismáticos / infancia /
antihistamínico

[movimiento_ii]

la piel del oso
más allá del alambre:
alfombra enferma

[movimiento_iii]

con gestos graciosos
reclama frutos secos
a los turistas

[movimiento_iv]

hablar su idioma:
reproducir sus signos:
sobrevivir

# [crónica fiel_la segunda torre de babel]

the macaques should not feel too bad
about their lack of productivity
(david adam / *the guardian* / 9-5-2003)

13 de marzo de 2002
celda 108 / sección C del paignton zoo

elmo
      gum
heather
      holly
mistletoe
      y rowan
eran seis macacos negros encrestados
         (busquen MACACA NIGRA en google y celebren
                      sus simpáticos semblantes)
que compartían una celda comunal
de cemento acero y metacrilato
en el paignton zoo

su vida era una ficción presidiaria
heces / parásitos / plátanos podridos /
depresión
nunca conocieron más que aquello
y al igual que ellos sus padres
y toda una infeliz genealogía

[ 14 ]

que había fornicado con metódica desgana
ante los ojos atónitos de un ruboroso niño de bristol

hasta que un día el homo sapiens
les hizo entrega de la palabra:
una máquina de escribir apareció
aquella mañana de marzo
en la jaula de los macacos

(serían capaces de componer las obras completas de
shakespeare?)

elmo    gum    heather    holly    mistletoe    y rowan
contemplaron en éxtasis la reliquia:
una remington noiseless /
con aquel instrumento los dioses
construían el cosmos de los símbolos
el fantástico mimbre de todas
las realidades
posibles
y ahora ellos
macacos negros encrestados
de cuyos anos bermejos se reían las excursiones escolares
tenían a su alcance el divino artefacto

…lo custodiaron con celo durante
tres días
&
tres noches

como quien vigila un caído meteorito
hasta que finalmente
fue elmo quien tomó las riendas
del naciente porvenir de su especie:
posó sus proféticas yemas sobre las teclas
e imprimió en las hojas de papel
los signos sublimes de la raza humana


enseguida los demás
se entregaron a la misión
de tomar posesión del lenguaje
y componer el génesis de sus sagradas
escrituras
pero pronto sobrevino el desengaño:
eran primates en una cárcel de metacrilato /
su vida era una ficción presidiaria
y entre las heces los parásitos los plátanos podridos y la
depresión
no había lugar para el Verbo


apenas alcanzaron a escribir
una caótica ráfaga de consonantes
antes de que cayera la torre de babel:
holly arrancó las páginas con furia
rowan las despedazó con sus colmillos
gum estrelló la máquina contra el cemento
mistletoe la remató con una piedra
heather orinó con placer sobre

las ruinas mecanográficas
y elmo
mientras tanto
se masturbó con lágrimas en los ojos

la genética del macaco negro encrestado
naufragó aquel día de marzo
mientras un encargado del paignton zoo
y un emisario del arts council
filmaban el patético descalabro
como prueba autocomplaciente de la hegemonía
humana

# [marco teórico #3_la muerte de la autora]

el nacimiento del lector se paga
con la muerte del autor
(roland barthes)

25 de septiembre de 1972
buenos aires (argentina)

alejandra pizarnik se sienta
frente a su escritorio y empieza
a contar
pero esta vez no cuenta historias
sino pastillas de
seconal

con delicadeza 1 / 2 / 3 / 4 / 5 /
6 / 7 / 8 va acumulando las cápsulas
en el centro de la mesa junto
a un libro de olga orozco y un
cenicero vacío
                    afuera no está lloviendo

mientras tanto sus perros
la observan con curiosidad doméstica
y ella no puede evitar
preguntarse qué sucederá cuando
los barbitúricos hiervan en sus entrañas

13 / 14 / 15 / 16 / 17 / 18 / 19
qué será de sus perros
cuando queden huérfanos y vaguen
sin rumbo por las calles de
una ciudad en llamas / quién los
adoptará /
quién los hará suyos / quién
otorgará una nueva vida
a los pobres perros abandonados
de la remota alejandra pizarnik


27
        28                29
                30
        31
                (tú eliges el lugar de la herida)
        32
                33
        34
35                      36


pronto
llegará hasta las 50 y entonces
tendrá que desandar los dígitos
con su garganta
hasta llegar de nuevo al cero /
después por fin la sobredosis
la anestesia radical
el silencio

44 / 45 / 46 cuando su cabeza
descanse sobre el escritorio
como una bombilla
fundida
sus perros ya no serán suyos y volverán
al inagotable desierto de los símbolos
donde hace tiempo
nacieron

47 / 48 / 49 / cincuenta / 49 / 48 / 47...

...cada vez que un poeta se suicida
barthes lo celebra en su propia tumba

# [intermezzo_taller de escritura creativa]

LEER NO ES LO SUYO? ESCRIBA SU PROPIO POEMA!

cansadx de desempeñar un papel meramente PASIVO en su
experiencia poética?
impaciente por consagrar el texto como un espacio
INTERACTIVO?
está USTED a punto de escribir una octava de su propia
cosecha /
siga con ENTUSIASMO las siguientes instrucciones:

VERSO 1: acuda al haiku sinfónico y elija el verso que se
corresponda en número con su mes de nacimiento (tiene
precisamente 12 para elegir)

VERSO 2: acuda al marco teórico #1 y elija el verso que se
corresponda en número con su día de nacimiento (tiene
precisamente 31 para elegir)

VERSO 3: acuda al marco teórico #3 y elija el verso que se
corresponda en número con el primer dígito de su teléfono
móvil
(no tendrá mucho margen de elección)

VERSO 4: deléitese y complete a su gusto el siguiente verso:
«en este siglo de…»

VERSO 5: escriba este importante versículo del génesis (11:9):
«la calle es una selva de cemento»

VERSO 6: escriba el célebre endecasílabo de dámaso alonso
(*hijos de la ira*):
«la muerte pasa en ambulancias blancas»

VERSO 7: escriba este eslogan de un famoso producto
limpiacristales:
«limpia, fija y da esplendor»

VERSO 8: escriba el que le gustaría que fuera su epitafio

(y no lo olvide: el poema se parecerá a usted)

(esta página está intencionalmente en blanco
para que usted escriba a mano su insólita octava)

enhorabuena!
ahora su ejemplar de este *ensayo sobre una cebolla infinita*
es indiscutiblemente único

## [poema en revisión_retrato de un ser mitológico]

there is something in your question
that reminds me of masturbating
while reading wordsworth
(kathleen fraser)

junio de 2023
chamberí (madrid)

cada mañana en el metro
el último poeta romántico de occidente
maldice
la ruin vulgaridad que lo rodea /
aquella mujer que lee a pérez reverte
aquellos jóvenes que
escuchan a rosalía en altavoz
aquella metálica manera de atravesar
las entrañas de la ciudad
en lugar de contemplar el cielo /
y lamenta la decadencia de su cultura

llega a su oficina y pronuncia
ante sus impasibles compañeros
su diaria diatriba contra el ultracapitalismo
                    (que no es sino el propio capitalismo)
él / que todavía escribe en libreta

él / que por supuesto rima en consonante
él / que es el último idealista del siglo
confinado en una jaula laboral siete horas
cada día
testigo del progresivo deterioro
de su inspiración poética
y finalmente recita sin que nadie se lo pida
mientras enciende el ordenador
los últimos ocho versos de *sueldo*
de benedetti

dónde quedaron las grandes elegías
de hölderlin se pregunta mientras
escribe en tinder a una muchacha y dónde
el recóndito vigor de shostakovich
qué fue del espíritu inquebrantable
de los románticos ingleses
y hacia dónde se dirige esta sociedad
de hombres frágiles que se maquillan
en lugar de escribir poemas sobre
el pubis de la hembra

él / que se considera un gigoló intelectual
él / que presume de cuánto le miden los endecasílabos
él / que escribió un soneto sobre el clítoris
y sin embargo no ha logrado publicar
todavía libro alguno
aunque él diga que así lo prefiere:

el genio sólo es genio si
nadie lo comprende
y el mundo editorial es una puta mierda
al servicio del ultracapitalismo.

triunfar en esta sociedad sería
una suerte de derrota
se dice a sí mismo de camino
a su entrenamiento semanal de esgrima antigua
tu destino es diferente
tú eres el último poeta puro
una estrella fugaz en una noche nublada
y el precio de tu sublimidad
será el olvido

a las 8 pm recién duchado
y perfumado con one million
abandona el pabellón deportivo
en dirección al micro abierto de
los jueves
entra al bar con ínfulas de bohemio
y apoya un codo en la barra

*lo de siempre?*
le pregunta el barman
                *mais bien sûr*
                responde él colocándose el sombrero
enseguida un dyc solo con hielo
humedece su bigote cernudiano

mientras él observa con desprecio
a otros poetas del local

elles / que sobreexponen su vida en instagram
elles / que son la generación de cristal
elles / que han traicionado al arte
pero tienen ya varios poemarios
publicados en letraversal o en hiperión
lo cual para él
(jamás se cansará de repetirlo)
es una patética humillación ante el mercado
el premio loewe es una estafa /
donde hay poesía sobran las cifras.

*yo soy poeta*
*pero no escribo poesía*
se dice a sí mismo en voz bastante alta
mientras le da otro trago al whisky
en un ángulo oscuro del bar

por fin empieza el recital / él como siempre
sale a la palestra y se ajusta el micro /
bajo la sombra de su sombrero
se adivina una agridulce sonrisa
bukowskiana /
*yo soy poeta*
*pero no escribo poesía*
repite ahora para todo el auditorio
al igual que hizo la semana pasada /

después procede a declamar
aquel poema con el que ganó
las iii justas poéticas de villaseco del fiemo
en 2019

cuando regresa a su whisky
siente el sabor amargo
de haber desperdiciado su vida
blandiendo su soberbio ideario
pero luego mira alrededor
y recupera la fe en sus principios:
yo jamás seré como ellos
este cáncer posmoderno que
escarnece la pureza y la verdad
esta generación sardónica
este espejismo annecarsoniano
que ante la adversidad sólo sabe
esgrimir la parodia / infectar
con su pútrida ironía
todo lo que un día fue bello

yo jamás seré como
ellos
se dice a sí mismo
mientras sale a fumar un chesterfield

cuando vuelve a entrar al bar
se da cuenta de que está realmente
ebrio

y se apoya urgentemente en la barra /
después acude al baño y de rodillas
frente al altar de porcelana
se entrega al vómito en una
ácida catarsis

…pasados los espasmos y la
bilis
se levanta / se seca las
lágrimas / se mira al espejo
y en ese intemporal desdoblamiento
en el que fugazmente se imagina
vendiendo su inocencia al
ultracapitalismo
lo deslumbra no obstante una súbita
revelación:

las generaciones futuras lo estaban observando
desde los siglos venideros
porque él ya no era un hombre
sino materia histórica / pasado
inmortal / el recuerdo
del último poeta solemne

## [metatítulo_testimonio periodístico de una vejación colectiva]

9 de septiembre de 1963
pocket theatre (new york)

john cage se sienta al piano
e interpreta la primera de las
840 repeticiones
de las vexations de erik satie
las notas son puñaladas de azúcar
sobre un cuerpo de grasa
una melodía fuera de contexto
y bien es sabido que
fuera de contexto nada
significa

el público sabe a qué ha venido y sin embargo
no puede evitar la turbación /
con la repetición número 89
sus estómagos giran como lavadoras
y el auditorio comienza a murmurar
*crees que realmente la intención de satie*
*era vejarnos de esta manera tan cruel?*
                    *no creo – los franceses fueron nuestros aliados*
                    *en la segunda guerra mundial*

pero pronto se perfila una posible armonía /
con la repetición número 201
la anarquía empieza a cobrar sentido
la confusión deviene fértil ambigüedad
por fin
el oído ha sido educado para el nuevo orden.

las horas pasarían si
el tiempo histórico no se hubiera suspendido
la realidad ya no es un caduco calendario
sino un bucle extraño de conexiones
la perversión estética de la sinapsis /
con la repetición número 644
(ya han pasado 15 horas y media)
el público asume que el universo
se redujo siempre a aquel instante eterno
a aquella recursiva
vejación

que aquel motivo musical fuera de contexto
se había convertido en el contexto de sí mismo
razón esencial de su contingencia

                                    (realidad
                        que se crea al escuchar)
y la humanidad
víctima mortal de los símbolos
se arrastraba sin remedio hacia su vórtice

preludio del abismo /
con la repetición número 840
el pianista levanta su yugo
y la multitud mira a su alrededor
como recién llegada de un sueño:
transformadas las normas
subvertido el lenguaje
ya nada volverá a significar lo mismo

# [inédito #1_versión alternativa de macbeth compuesta a doce manos]

*recítese en voz alta 840 veces*
*hasta que tenga más sentido*
*que el macbeth original*

pdflfddssjsjskjcsfgkljdsfg
aekrpoejthguhsrtiujsrgtbskcnvnmm
mmmmmsssssssssssssssss....sssssssssssssssssssssssss
s
sssssssssssssssss[1]
sssss
dpplplppppdd-pdpssssssssssjrrktjmc
vncggsssnmdnfggglplplwpl
sqqqpsspp..rrrrrrrrrrplr,ldmdmdmcjvnj
grtrslwdpflflfllttrrrrrrm-
mmmwwwmmwmsnsnsssss
ssssssssss.ssssssssssssssss!!sssssssssssssssss
sssssssssssssssssssssssssssssssssssssssssssssssss
ssssssssss
ssssssssssss
ssssssssssssssssssssssssssssssss
ssssssssssssssssssssssssssssssssssssssssssssssssssssssssssssssssldslsll?dl
    dlf

---

[1] nota del autor: junto a este verso puede apreciarse en el documento original un cerco de orina con una forma similar a la de francia

dlmmswkwlolo
grrrrrrr.
wwddwwwwws
sss

## [aclaración protocolaria_la cebolla infinita y el algoritmo travieso]

por favor
|inserte su nombre|
ya que está perdiendo su tiempo
leyendo poesía
tómese unos segundos para
regresar al marco teórico #1
y releer la primera cita
que precede al poema

ahora confiese:
creyó tal vez que aquellos versos
aquellos hondos pareados
de verdad los escribió
el insigne william butler
yeats?

por una cuestión de protocolo
es preciso aclarar que el
autor en realidad es
chat GPT
(seguro que ya lo conoce / la inteligencia
artificial de microsoft
capaz de escribir textos de toda índole

((serventesios
    novelas sci-fi
        esquelas eróticas
            tesis doctorales
                discursos para una circuncisión))
que ya circulan por todo internet
como androides recién salidos del útero
o bien como
perros huérfanos mendigando
unos ojos que los miren)

por favor
no se incomode
si por casualidad cayó en la confusión /
la culpa fue de la circunstancia:
el contexto era propicio para el
engaño
y bien es sabido que
el valor de un texto radica en su
contexto / cualquier conjunto de
signos
puede devenir obra maestra si es
resignificado
majestuosamente / incluso
aunque lo haya escrito un
ingenioso algoritmo
o un sexteto de macacos

...además
qué deliciosa imagen
alumbró la inteligencia artificial:
una cebolla
infinita
como representación del
absurdo palimpsesto
de capas
estéticas
que habitamos mediante el lenguaje

## [inédito #2_transcripción del acta del jurado y poema ganador de las iii justas poéticas de villaseco del fiemo]

Reunido el jurado de las III Justas Poéticas convocadas por el Ayuntamiento de Villaseco del Fiemo, a las 20:00 del 17 de abril de 2019, se ha fallado otorgar el premio al poema titulado *Clitoria*, presentado bajo el pseudónimo «El último poeta romántico», que ha correspondido, tras la apertura de la plica, a Adonis Pérez Pérez, residente en Vicálvaro (Madrid). Se anexa al acta el texto galardonado, del cual el jurado ha destacado «su primoroso cultivo de formas poéticas obsoletas, su atrevida misoginia en tiempos de censura política y su incorruptible idealismo erótico».

# Clitoria

*El último poeta Románico*[2]

Sonrojado diamante que culmina
la grieta prohibida de tu manzana,
chakra candente, húmeda avellana,
corazón de tu esencia femenina,

píldora de placer, tierna inquilina
de tu ebria madriguera, soberana
del vértice, indómita guardiana,
interruptor de entrada a tu vagina,

déjame a mí, que descifré el secreto
de tu ignorada ubicación, mostrarte
la fórmula del goce más profundo

y remitir, como heraldo de Marte
en tu monte de Venus, este soneto
al pubis estigio de tu inframundo.

---

[2] nota del autor: parece tratarse de una errata / en el documento original el poeta trató de añadir torpemente con bolígrafo azul una *t*

# [crónica infiel_la tercera torre de babel]

*así habló zaratustra*
richard strauss

surely some revelation is at hand
surely the second coming is at hand /
the second coming!
(anónimo)

(otro) 13 de marzo de 2002
(otra) celda 108 / sección C del paignton zoo

en un universo paralelo
aquella mañana de invierno
cambió irreversiblemente el destino
del macaco negro encrestado

en aquel universo paralelo
elmo      gum      heather      holly      mistletoe      y rowan
lograron dominar el arte de la
mecanografía /
desde que aquella remington apareció
en su celda
escribieron una página
tras otra con implacable disciplina
y juntos recorrieron el espléndido
sendero del lenguaje

cada día era un nuevo hallazgo:
primero los signos su forma caprichosa
su enigmático contorno / después
la palabra su placenta
insaciable la ausencia fecunda
de su vientre / finalmente la
metáfora el ilimitado potencial
figurativo del Verbo

poco a poco los primates
construyeron la semiosis de su
entorno y sembraron de nombres
aquella ficción presidiaria
de cemento acero y metacrilato:
cada objeto recibió un término
cada emoción una etiqueta
cada ser vivo una denominación
hasta que las propias palabras
sustituyeron a las cosas / por fin
su realidad era puro simulacro

elmo
    gum
heather
    holly
mistletoe
    y rowan
murieron uno a uno en un plazo
de diez años

pero dejaron en herencia su sabiduría /
sus sucesores tomaron el relevo
del lenguaje recién estrenado y
lo llevaron al extremo:
en 2014 ya habían escrito su
primer cantar de gesta / en 2015
inauguraron la novela industrial / en
2018 prepararon una edición
crítica de las obras completas
de shakespeare / en 2023 concluyeron
un intrascendente ensayo sobre
la infinitud de una cebolla

enseguida pasado y presente
se les quedaron demasiado cortos
y empezaron a vaticinar el futuro
(todos los textos que la humanidad
algún día escribiría) y a materializar
la conjetura (todos los textos que
la humanidad podría escribir
o haber escrito) hasta que una noche
al bisnieto de elmo y holly
lo estremeció una espantosa
certidumbre:
todo había sido una trampa
del homo sapiens / recorrer
el espléndido sendero del lenguaje
no los haría más libres
tampoco más lúcidos

ni siquiera más humanos /
el castigo celestial de la escritura
no era sino una prisión simbólica
dentro de la prisión física
de la celda 108 / sección C
del paignton zoo

aquella máquina de escribir
no era el mayor tesoro del
ser humano sino su mayor
tormento / el de vivir a tientas
en la metástasis del lenguaje
en una insondable superposición
de estratos de realidad

desarraigados de cualquier verdad /
desterrados de cualquier origen

esclavos para siempre de la forma

# [inédito #3_propuesta de enmienda del soneto cxv de shakespeare]

those lines that i before have writ do lie
(manuel machado)


thslnsthtbfrhvwrtdl
eeoeaaiiouooeoueae
ytthnmyjdgmntknwnrsnwhy
ouaeouaeaueae

btrcknngTmwhsmlln'dccdnts
eei'ioaaeeeeoi
tnscrdbtyblntthshrp'stntnts
ieoioeoueoaeii

lswhyfrngfTm'styrnny
iIoea'oIoeoue'
whnwscrtn'rncrtnty
oieeeouioee?

lvsbb;thnmghtntsys
tgvfllgrwthtthtwhchstlldthgrw?


[ 44 ]

# [epílogo_cumpleaños feliz]

1 de julio de 2023
condado de devon (uk)

con un despliegue de serpentinas y
un efervescente photocall
el paignton zoo celebra este año
el centenario de su inauguración /
observen cuánta pompa y
circunstancia!

JOIN US FOR OUR BIG BIRTHDAY
ZOONANZA / A JAM-PACKED WEEKEND

una hilera de familias británicas
atraviesa con ansiedad el umbral
de entrada / en el ambiente
reina un olor a sudor tibio y
crema solar / gigantes y cabezudos
grotescamente disfrazados de
fauna exótica y diversa
lidian con el bochorno y la violenta
ilusión infantil

las verjas están recién pintadas
como cárceles de lujo
y en cada jardín hay pétalos

diferentes / hace 100 años
se estrenó esta nueva forma
de vida / el reino
de lo artificial / y a lo largo de todo
un siglo
este arrogante ensayo de biosfera
ha sumado innúmeros ítems a su
catálogo / incluso sylvia plath
(antes de practicar la barthesiana
muerte-de-la-autora™)
lo visitó en 1962!

pero lo que nadie celebra
                                        (porque nadie lo sabe)
es que hace 21 años
en la celda 108 / sección C
del centenario paignton zoo
varias torres de babel desafiaron
la verticalidad sagrada del lenguaje
humano

ni siquiera hay una placa o un
modesto panel de plástico
que se moleste en recordarle
al visitante curioso
que allí mismo / una mañana
de marzo / una remington noiseless
apareció en la jaula de los macacos
y que durante un instante

en una fugaz confluencia de futuros
se fundió lo más real de la
realidad con lo más fabuloso
de la fábula:
los primates
ebrios de signos y ambiciones
sublimaron
y demolieron a un mismo tiempo
la arquitectura simbólica de la existencia
humana

pero la fiesta sigue
por favor no se marchen todavía!
banderines / piscolabis / música en directo /
antihistamínico
la muchedumbre invade los alambres
y los urinarios / sus índices señalan
a las especies
con el entusiasmo de quien alza la hostia /
el oso pardo
ajeno a la ceremonia y envuelto
en su piel enferma
sigue reclamando frutos secos
imitando con su zarpa los gestos
humanos

finalmente el crepúsculo
consume los últimos compases
del legendario cumpleaños /

gracias por presenciar el paradigma
alternativo de la vida esperamos
que hayan disfrutado de esta
cebolla infinita

thank you for your visit / we hope to see you back
soon

## [agradecimientos]

a marina por haber pelado conmigo esta cebolla

al paignton zoo y al arts council of england por la cesión de los derechos de explotación de sus documentos inéditos

a manuela p. (actual concejala de cultura de villaseco del fiemo) por la consulta del archivo histórico de las justas poéticas

el [poema en revisión_retrato de un ser mitológico] está dedicado a jimena y a jaime g. (por distintos motivos)

# ÍNDICE

ESTA PRIMERA EDICIÓN DE

*título_ensayo sobre una cebolla infinita*

SE TERMINÓ DE IMPRIMIR

EL DÍA 5 DE MARZO DE 2024